caprichos & relaxos

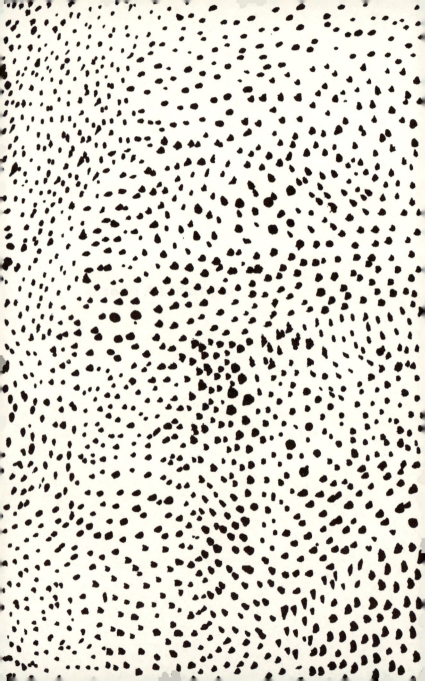

poesia de bolso

paulo leminski

caprichos & relaxos

3ª reimpressão

Copyright © 2016 by herdeiros de Paulo Leminski

Grafia atualizada segundo o Acordo Ortográfico da Língua Portuguesa de 1990, que entrou em vigor no Brasil em 2009.

Capa e projeto gráfico
Elisa von Randow

Preparação
Jacob Lebensztayn

Cronologia
Mariano Marovatto

Revisão
Angela das Neves
Carmen T. S. Costa

Dados Internacionais de Catalogação na Publicação (CIP)
(Câmara Brasileira do Livro, SP, Brasil)

Leminski, Paulo, 1944-1989.
   Caprichos & relaxos / Paulo Leminski. — 1ª ed. —
São Paulo : Companhia das Letras, 2016.

ISBN 978-85-359-2730-6

   1. Poesia brasileira I. Título.

16-03149   CDD-869.1

Índice para catálogo sistemático:
1. Poesia : Literatura brasileira 869.1

[2022]
Todos os direitos desta edição reservados à
EDITORA SCHWARCZ S.A.
Rua Bandeira Paulista, 702, cj. 32
04532-002 — São Paulo — SP
Telefone: (11) 3707 3500
www.companhiadasletras.com.br
www.blogdacompanhia.com.br
facebook.com/companhiadasletras
instagram.com/companhiadasletras
twitter.com/cialetras

sumário

Caprichos & relaxos 7
caprichos & relaxos (saques, piques,
toques & baques) 11
polonaises 45
não fosse isso e era menos não fosse tanto
e era quase 65
ideolágrimas 97
sol-te 111
contos semióticos 141
invenções 145

Cronologia..153
Lista de obras publicadas 159
Índice de títulos e primeiros versos 161

caprichos
& relaxos

[1983]

*Aqui, poemas para lerem, em silêncio,
o olho, o coração e a inteligência.
Poemas para dizer, em voz alta.
Poemas, letras, lyrics, para cantar.
Quais, quais, é com você, parceiro.*

caprichos & relaxos
(saques, piques, toques & baques)

	de como
	o polaco jan korneziowsky
	botou a persona/fantasia
	de joseph conrad
	e virou lord jim/childe harold

um dia desses quero ser
um grande poeta inglês
do século passado
dizer
ó céu ó mar ó clã ó destino
lutar na índia em 1866
e sumir num naufrágio clandestino

*

contranarciso

em mim
eu vejo o outro
e outro
e outro
enfim dezenas
trens passando
vagões cheios de gente
centenas

o outro
que há em mim
é você
você
e você

assim como
eu estou em você
eu estou nele
em nós
e só quando
estamos em nós
estamos em paz
mesmo que estejamos a sós

*

o p que
no pequeno &
se esconde
eu sei por q

só não sei
onde nem e

*

sobre a mesa vazia
abro a toalha limpa
a mente tranquila
palavra mais linda

aqui se acaba
a noite mais braba
a que não queria
virar puro dia

somos um outro
um deus, enfim,
está conosco

*

cesta feira

oxalá estejam limpas
as roupas brancas de sexta
as roupas brancas da cesta

oxalá teu dia de festa
cesta cheia
        feito uma lua
toda feita de lua cheia

no branco
        lindo
teu amor
      teu ódio
           tremeluzindo
                se manifesta

tua pompa
tanta festa
tanta roupa
        na cesta
           cheia
              de sexta

oxalá estejam limpas
as roupas brancas de sexta
oxalá teu dia de festa

*

mesmo
na idade
de virar
eu mesmo

ainda
confundo
felicidade
com este
nervosismo

*

eu
quando olho nos olhos
sei quando uma pessoa
está por dentro
ou está por fora

quem está por fora
não segura
um olhar que demora

de dentro do meu centro
este poema me olha

*

desmontando o frevo

desmontando
o brinquedo
eu descobri
que o frevo
tem muito a ver
com certo
jeito mestiço de ser
um jeito misto
de querer
isto e aquilo
sem nunca estar tranquilo
com aquilo
nem com isto

de ser meio
e meio ser
sem deixar
de ser inteiro
e nem por isso
desistir
de ser completo
mistério

eu quero
ser o janeiro
a chegar
em fevereiro
fazendo o frevo
que eu quero
chegar na frente
em primeiro

*

aves
   de ramo
        em ramo

meu pensamento
            de rima
                 em rima
                      erra

até uma
     que diz
         te amo

*

das coisas
que eu fiz a metro
todos saberão
quantos quilômetros
são

aquelas
em centímetros
sentimentos mínimos
ímpetos infinitos
não?

*

girafas

  africanas

    como meus avós

      quem me dera

        ver o mundo

          tão do alto

            quanto vós

*

Quem nasce com coração?
Coração tem que ser feito.
Já tenho uma porção
Me infernando o peito.

Com isso ninguém nasça.
Coração é coisa rara,
Coisa que a gente acha
E é melhor encher a cara.

*

não sou o silêncio
que quer dizer palavras
ou bater palmas
pras performances do acaso

sou um rio de palavras
peço um minuto de silêncios
pausas valsas calmas penadas
e um pouco de esquecimento

apenas um e eu posso deixar o espaço
e estrelar este teatro
que se chama tempo

*

minha mãe dizia

— ferve, água!
— frita, ovo!
— pinga, pia!

e tudo obedecia

*

ali
só
ali
se

se alice
ali se visse
quanto alice viu
e não disse

se ali
ali se dissesse
quanta palavra
veio e não desce

ali
bem ali
dentro da alice
só alice
com alice
ali se parece

*

nada tão comum
que não possa chamá-lo
meu

nada tão meu
que não possa dizê-lo
nosso

nada tão mole
que não possa dizê-lo
osso

nada tão duro
que não possa dizer
posso

*

parar de escrever
bilhetes de felicitações
como se eu fosse camões
e as ilíadas dos meus dias
fossem lusíadas,
rosas, vieiras, sermões

*

Bom dia, poetas velhos.
Me deixem na boca
o gosto de versos
mais fortes que não farei.

Dia vai vir que os saiba
tão bem que vos cite
como quem tê-los
um tanto feito também,
acredite.

*

enxuga aí

vê se enxerga

essa lágrima
eu deixei cair

examina

examina bem

vê se não é
água da pedra
ouro da mina
essa gotadágua

minha
obra-prima

*

o soneto a crônica o acróstico
o medo do esquecimento
o vício de achar tudo ótimo
e esses dias
longos dias feito anos
sim pratico todos
os gêneros provincianos

*

**dia
ao primo pássaro**

foi você
que piou pintou
ontem
pouco antes
do sol nascer?

ou foi
talvez
um irmão tia irmã
uma voz
já
tão
longe
que hoje
até parece amanhã?

*

Minha cabeça cortada
Joguei na tua janela
Noite de lua
Janela aberta

Bate na parede
Perdendo dentes
Cai na cama
Pesada de pensamentos

Talvez te assustes
Talvez a contemples
Contra a lua
Buscando a cor de meus olhos

Talvez a uses
Como despertador
Sobre o criado-mudo

Não quero assustar-te
Peço apenas um tratamento condigno
Para essa cabeça súbita
De minha parte

*

a árvore é um poema
não está ali
para que valha a pena

está lá
ao vento porque trema
ao sol porque crema
à lua porque diadema

está apenas

*

que me importa
meio-dia e doze
o tempo que toque
nesses relógios

matéria de tique-taque
pra mim agora
é quinze pras quatro
ou duas e vinte e um

dezenove e dezoito
não
que onze e trinta
só meu coração

*

nada que o sol
não explique

tudo que a lua
mais chique

não tem chuva
que desbote essa flor

*

a perda do olfato
eu não lamento
afinal o olfato
só serve pra cheirar
os quatro elementos
vamos ao fato

o paladar eu perdi
mas não porque o perdesse
tirei da cabeça
o gosto do abacaxi

do ouvido não olvido
pois tendo desenvolvido
a guerra dos sentidos
me voltei pro silêncio
o som não faz sentido

uma consequência
toma conta de mim
como se fosse um barato

*

existe um planeta
perdido numa dobra
do sistema solar

aí é fácil confundir
sorrir com chorar

difícil é distinguir
esse planeta de sonhar

*

objeto
do meu mais desesperado desejo
não seja aquilo
por quem ardo e não vejo

seja a estrela que me beija
oriente que me reja
azul amor beleza

faça qualquer coisa
mas pelo amor de deus
ou de nós dois
seja

*

não creio
que fosse maior
a dor de dante
que a dor
que este dente
de agora em diante
sente

não creio
que joyce
visse mais numa palavra
mais do que fosse
que nesta pasárgada
ora foi-se

tampouco creio
que mallarmé
visse mais
que esse olho
nesse espelho
agora
nunca
me vê

*

A vagina vazia
imagina
que a página (sem vaselina)
a si mesma se preenche
e se plagia

Essa língua que sempre falo
(e falo sempre)
e distraído escrevo
embora não tão frequentemente
massa falida
desmorona no papel
                                      quando babo
e acabada em texto
eu acabo

*

business man
make as many business
as you can
you will never know
who i am

your mother
says no
your father
says never

you'll never know
how the strawberry fields
it will be forever

*

lendas vindas
das terras lindas
de orientes findos

me façam feliz
feito esta vida não faz

*

uma carta   uma brasa   através
por dentro   do texto
nuvem cheia da minha chuva
cruza o deserto por mim
a montanha caminha
o mar entre os dois
uma sílaba   um soluço
um sim   um não   um ai
sinais dizendo nós
quando   não   estamos   mais

*

quatro dias sem te ver
e não mudaste nada

falta açúcar na limonada

me perdi da minha namorada

nadei nadei e não dei em nada

sempre o mesmo poeta de bosta
perdendo tempo com a humanidade

*

        minha amiga
        indecisa
       lida com coisas
        semifusas

       quando confusas
       mesmo as exatas
        medusas
       se transmudam
        em musas

         *

sabendo
que assim dizendo
— poema —
estava te matando
mesmo assim
te disse

sabendo
que assim fazendo
você estava durando
foi duro
mesmo assim
te trouxe

mesmo assim
te fiz
mesmo sabendo que ias
fugaz
ser infeliz
sempre infeliz

mesmo assim
te quis
mesmo sabendo
que ia te querer
ficar querendo
e pedir bis

*

entre a dívida externa
e a dúvida interna
meu coração
comercial
        alterna

*

  pompa há tanto conquista
cautela tão mal calculada
  pausa na pauta
quem sabe em pio pousada
  me passa este meio-dia
atravessa este meio-fio
  aplaca em luz
a causa desta madrugada

  atiça-me a calma
em cólera e guerra floresça
  toda esta falta   minha alma
tanta valsa chama saudade
  tanto A   tanto B   tanto Z

tanto mim me pareça você

*

        não possa tanta distância
            deixar entre nós
                este sol
                que se põe
           entre uma onda
             e outra onda
       no oceano dos lençóis

*

sexta-feira
cinza

quantas vezes
vais ser treze?

quantas horas
têm teus meses?

quantas quintas
vão ser trinta?

quantas segundas
nem são nunca?

quantas quartas
infinitas?

*

você me alice
eu todo me aliciasse
 asas
     todas se alassem
 sobre águas cor de alface
ali
   sim
       eu me aliviasse

*

quando eu tiver setenta anos
então vai acabar esta adolescência

vou largar da vida louca
e terminar minha livre-docência

vou fazer o que meu pai quer
começar a vida com passo perfeito

vou fazer o que minha mãe deseja
aproveitar as oportunidades
de virar um pilar da sociedade
e terminar meu curso de direito

então ver tudo em sã consciência
quando acabar esta adolescência

*

esta ilusão
não desapareça

você deixa
que isso aconteça
ilusão
igual a essa

eu despeço
você
da minha peça

*

o novo
não me choca mais
nada de novo
sob o sol

apenas o mesmo
ovo de sempre
choca o mesmo novo

*

pétala
não caia esse orvalho

olho
não perca essa lágrima

auras que já se foram
grato pela graça
a graça que eu acho
em tudo que fica
por tudo que passa

*

ele era
apenas um L
e ela ah
ela estava lá
à flor da pele
como quem apenas
H

amar um A
como um L
quem amará?

*

Desculpe, cadeira,
está pisando no meu pé.
Desse jeito, mais parece
esta mesa: nada mais faz
que cansar minha beleza.

Vocês vão ver uma coisa.
Nem porque é de ferro
pode moer meu dedo
este prego, o martelo.

Vocês não têm cabeça.
Não passam de objeto.
Vocês nunca vão saber
quanto dói uma saudade
quando perto vira longe
quanto longe fica perto.

Desculpe, cadeira,
está pisando no meu pé.
Desse jeito, mais parece
esta mesa: nada mais faz
que cansar minha beleza.

Quanto ao resto — até.

*

elas quando vêm
elas quando vão
versos que nem
versos que não
nem quero fazer
se fazem por si
como se em vão

elas quando vão
elas quando vêm
poesia que sim
parece que nem

*

minhas 7 quedas

minha primeira queda
não abriu o paraquedas

daí passei feito uma pedra
pra minha segunda queda

da segunda à terceira queda
foi um pulo que é uma seda

nisso uma quinta queda
pega a quarta e arremeda

na sexta continuei caindo
agora com licença
mais um abismo vem vindo

*

quem me dera um abutre
pra devorar meu coração!
naco de carne crua
comida de pé no balcão!

quem me dera um apache
pra colher meu escalpo!
que desta vez não escape
nenhum disfarce!

tomara que um furacão
caia sobre meu navio!
que nenhum deus nem dragão
possa ser meu alívio!

*

em matéria
de tino
       menino
eu tenho dez

quiser
tenho até
um destino
         a meus pés

*

as flores
são mesmo
umas ingratas

a gente as colhe
depois elas morrem
sem mais nem menos
como se entre nós
nunca tivesse
havido vênus

*

    a história faz sentido
isso li num livro antigo
    que de tão ambíguo
faz tempo se foi na mão dalgum amigo

    logo chegamos à conclusão
tudo não passou de um somenos
    e voltaremos
à costumeira confusão

*

polonaises

Polaly sie lzy me czyste, rzesiste,
Na me dzienciństwo sielskie, anielskie,
Na moja mlodość górna i durna,
Na mój wiek meski, wiek kleski.
Polaly sie lzy me czyste, rzesiste...
                              (1839)

Choveram-me lágrimas limpas, ininterruptas,
Na minha infância campestre, celeste,
Na mocidade de alturas e loucuras,
Na minha idade adulta, idade de desdita;
Choveram-me lágrimas limpas, ininterruptas...
                              (1979)

adam mickiewicz
trad do polonês:
p leminski

o velho leon e natália em coyoacán

desta vez não vai ter neve como em petrogrado aquele dia
o céu vai estar limpo e o sol brilhando
você dormindo e eu sonhando

nem casacos nem cossacos como em petrogrado aquele dia
apenas você nua e eu como nasci
eu dormindo e você sonhando

não vai mais ter multidões gritando como em petrogrado
                                                [aquele dia
silêncio nós dois murmúrios azuis
eu e você dormindo e sonhando

nunca mais vai ter um dia como em petrogrado aquele dia
nada como um dia indo atrás do outro vindo
você e eu sonhando e dormindo

*

dança da chuva

senhorita chuva
me concede a honra
desta contradança
e vamos sair
por esses campos
ao som desta chuva
que cai sobre o teclado

*

aqui

nesta pedra

alguém sentou
olhando o mar

o mar
não parou
pra ser olhado

foi mar
pra tudo quanto é lado

*

um deus também é o vento
só se vê nos seus efeitos
árvores em pânico
bandeiras
água trêmula
navios a zarpar

me ensina
a sofrer sem ser visto
a gozar em silêncio
o meu próprio passar
nunca duas vezes
no mesmo lugar

a este deus
que levanta a poeira dos caminhos
os levando a voar
consagro este suspiro

nele cresça
até virar vendaval

*

um passarinho
volta pra árvore
que não mais existe

meu pensamento
voa até você
só pra ficar triste

*

tenho andado fraco

levanto a mão
é uma mão de macaco

tenho andado só
lembrando que sou pó

tenho andado tanto
diabo querendo ser santo

tenho andado cheio
o copo pelo meio

tenho andado sem pai

yo no creo en caminos
pero que los hay
               hay

*

um dia
a gente ia ser homero
a obra nada menos que uma ilíada

depois
a barra pesando
dava pra ser aí um rimbaud
um ungaretti um fernando pessoa qualquer
um lorca um éluard um ginsberg

por fim
acabamos o pequeno poeta de província
que sempre fomos
por trás de tantas máscaras
que o tempo tratou como a flores

*

um poema
que não se entende
é digno de nota

a dignidade suprema
de um navio
perdendo a rota

*

Meu avô-macaco
Aquele que Darwin buscou
Me olha do galho:
Busca a força dos caninos
O vigor dos pulsos
O arfar do peito
O menear da cabeça
O trabalho

Tudo se foi

Nada mais resta
Do fulgor primata
Da força de boi

Saber
Saber mata

*

espaçotemponave para alice

frag
    mentos
        do naufrágio
            da vida
jogados
     na praia
         de uma terra desconhecida
porisso
    nos apertar
        tanto
            nos juntar
                tanto
juntos enfrentar
        a noite
            dos espaços interestelares

*

dois loucos no bairro

um passa os dias
chutando postes para ver se acendem

o outro as noites
apagando palavras
contra um papel branco

todo bairro tem um louco
que o bairro trata bem
só falta mais um pouco
pra eu ser tratado também

*

bate o vento eu movo
volta a bater de novo
a me mover eu volto
sempre em volta deste
meu amor ao vento

*

nada foi
feito o sonhado
mas foi bem-vindo
feito tudo
fosse lindo

*

para a liberdade e luta

me enterrem com os trotskistas
na cova comum dos idealistas
onde jazem aqueles
que o poder não corrompeu

me enterrem com meu coração
na beira do rio
onde o joelho ferido
tocou a pedra da paixão

*

meu coração de polaco voltou
coração que meu avô
trouxe de longe pra mim
um coração esmagado
um coração pisoteado
um coração de poeta

*

escura a rua
escuro
meu duro desejo
duro
feito dura
essa duna
      donde
o poema
      uma
          esp
              uma
   doendo
ex
  pl
    ode

*

hoje o circo está na cidade
todo mundo me telefonou
hoje eu acho tudo uma preguiça
esses dias de encher linguiça
entre um triunfo e um waterloo

*

você
que a gente chama
quando gama
quando está com medo
e mágua
quando está com sede
e não tem água
você
só você
que a gente segue
até que acaba
em cheque
ou em chamas
qualquer som
qualquer um
pode ser tua voz
teu zum-zum-zum
todo susto
sob a forma
de um súbito arbusto
seixo solto
céu revolto
pode ser teu vulto
ou tua volta

*

esperas frustras
vésperas frutas
matérias brutas
quantas estrelas
custas?

*

oração de pajé

que eu seja erva raio
no coração de meus amigos
árvore força
na beira do riacho
pedra na fonte
estrela
      na borda
            do abismo

*

moinho de versos
movido a vento
em noites de boemia

vai vir o dia
quando tudo que eu diga
seja poesia

*

dia
dai-me
a sabedoria de caetano
nunca ler jornais
a loucura de glauber
ter sempre uma cabeça cortada a mais
a fúria de décio
nunca fazer versinhos normais

*

ver
é dor
ouvir
é dor
ter
é dor
perder
é dor

só doer
não é dor
delícia
de experimentador

*

lembrem de mim
como de um
que ouvia a chuva
como quem assiste missa
como quem hesita, mestiça,
entre a pressa e a preguiça

*

furo a parede branca
para que a lua entre
e confira com a que,
frouxa no meu sonho,
é maior do que a noite

*

como um coto caro ao roto
incrédulo tiago
toco as chagas
que me chegam
do passado
mutilado

toco o nada
aquele nada que não para
aquele agora nada
que tinha
a minha
cara

nada não
que nada nenhum
declara tamanha danação

*

tanta maravilha
maravilharia durar
aqui neste lugar
onde nada dura
onde nada para
para ser ventura

*

sim
eu quis a prosa
essa deusa
só diz besteiras
fala das coisas
como se novas

não quis a prosa
apenas a ideia
uma ideia de prosa
em esperma de trova
um gozo
uma gosma

uma poesia porosa

*

**não fosse isso e era menos
não fosse tanto e era quase**

poema na página
mordida de criança
na fruta madura

*

olhar paralisador nº 91

o olhar da cobra para
                dispara
                paralisa o pássaro

                      meu olhar
                      cai de mim
                      laser
                      luar

meu despertar   despertar
meu amor desesperado   do meu olhar
meu mau olhado   despertador

                meu olhar
                leitor

*

quem come o teu trabalho como eu como este gomo ou
[dou este gole?

*

apagar-me
diluir-me
desmanchar-me
até que depois
de mim
de nós
de tudo
não reste mais
que o charme

*

coração
PRA CIMA
escrito embaixo
FRÁGIL

*

que tudo passe

passe a noite
passe a peste
passe o verão
passe o inverno
passe a guerra
e passe a paz

passe o que nasce
passe o que nem
passe o que faz
passe o que faz-se

que tudo passe
e passe muito bem

*

soprando esse bambu
só tiro
o que lhe deu o vento

*

féretro para uma gaveta

esta a gaveta do vício
rimbaud tinha uma
muitas   hendrix
mallarmé nenhuma

esta a gaveta
de um armário impossível

*

fazia poesia

e a maioria saía
tal a poesia que fazia

fazia poesia

e a poesia que fazia
não é essa
que nos faz alma vazia

fazia poesia

e a poesia que fazia
era outra filosofia

fazia poesia

e a poesia que fazia
tinha tamanho família

fazia poesia

e fez alto
em nossa folia

fazia tanta poesia
ainda vai ter poesia um dia

*

entro e saio

dentro
é só ensaio

*

via sem saída
via bem

via aqui
via além
não via o trem

via sem saída
via tudo
não via a vida

via tudo que havia
não via a vida
a vida havia

*

CURVA PSICODÉLICA
a mente salta dos trilhos

LÓGICA ARISTOTÉLICA
não legarei a meus filhos

*

evapora
perfume
para o lume
lá em cima
o alto lume
respira
perfumes
você
se lança
cume
nume
névoa
vaga-lumes

*

manchete

CHUTES DE POETA
NÃO LEVAM PERIGO À META

*

eu queria tanto
ser um poeta maldito
a massa sofrendo
enquanto eu profundo medito

eu queria tanto
ser um poeta social
rosto queimado
pelo hálito das multidões

em vez
olha eu aqui
pondo sal
nesta sopa rala
que mal vai dar para dois

*

a máquina
engole página
cospe poema
engole página
cospe propaganda

MAIÚSCULAS
minúsculas

a máquina
engole carbono
cospe cópia
cospe cópia
engole poeta
cospe prosa

MINÚSCULAS
maiúsculas

*

a noite
me pinga uma estrela no olho
e passa

*

cansei da frase polida
por anjos da cara pálida
palmeiras batendo palmas
ao passarem paradas
agora eu quero a pedrada
chuva de pedras palavras
distribuindo pauladas

*

acordo   logo   durmo
durmo   logo   acordo
nem   memórias   nem diários
comigo   mesmo   dialogo
daqui   até   ali
dali   até   logo

*

já fui coisa
escrita na lousa
hoje sem musa
apenas meu nome
escrito na blusa

*

o mestre gira o globo
balança a cabeça e diz

o mundo é isso e assim

livros alunos aparelhos
somem pelas janelas

nuvem de pó de giz

*

en la lucha de clases
todas las armas son buenas
piedras
noches
poemas

*

você para
a fim de ver
o que te espera

só uma nuvem
te separa
das estrelas

*

não discuto
com o destino

o que pintar
eu assino

*

o sol escreve
em tua pele
o nome de outra raça

esquece
em cada uva
a história do céu
do vento
e da chuva

*

a vida é as vacas
que você põe no rio
para atrair as piranhas
enquanto a boiada passa

*

você
com quem falo
e não falo

centauro

homemcavalo

você
não existe

preciso criá-lo

*

confira

tudo que respira
conspira

*

ana vê alice
como se nada visse
como se nada ali estivesse
como se ana não existisse

vendo ana
alice descobre a análise
ana vale-se
da análise de alice
faz-se Ana Alice

*

a vida varia
o que valia menos
passa a valer mais
quando desvaria

    *

    vento
    que é vento
    fica

    parede
    parede
    passa

    meu ritmo
    bate no vento
    e se
        des
            pe
                da
                    ça

*

johny? está me ouvindo? sim sim claro tua mãe e eu
                                                                          [perdoamos
já perdoamos eu disse perdoamos isso acontece claro
                                                                          [acontece a
qualquer um eu disse qualquer um é to anyone do you
                                                                          [hear me yes
we forgive you i said your mother your mother forgives you
                                                                                 [yes
you do you hear me now whatever it is é claro tudo
                                                                      [perdoado tua
mãe perdoa mãe sempre perdoa tudo eu disse tudo
                                                                      [forgives yes
your mother and i we never never pai sempre perdoa i
                                                                      [forgive you
perdoo perdoo agora vá dormir my poor johny dormir eu
                                                                          [disse já
disse que perdoo tua mãe perdoa agora johny está me
                                                                     [ouvindo johny
está me ouvindo when i say do you hear me yes johny do
                                                                      [you do you do

*

riso para gil

teu riso
reflete no teu canto
rima rica
raio de sol
em dente de ouro

"everything is gonna be alright"

teu riso
diz sim
teu riso
satisfaz

enquanto o sol
que imita teu riso
não sai

*

tão longe eu lhe disse até logo
um pouco de tudo passou-se outra vez
e foi uma vez toda feita de jogos
aquela outra vez que não soube ser vez
pois voltou e voltou e voltou
sem saber que de duas uma
nunca são três

*

quero a vitória
     do time de várzea

valente

covarde

     a derrota
     do campeão

5 x 0
     em seu próprio chão

            circo
            dentro
            do pão

*

um pouco de mao
em todo poema que ensina

quanto menor
mais do tamanho da china

*

de repente
me lembro do verde
da cor verde
a mais verde que existe
a cor mais alegre
a cor mais triste
o verde que vestes
o verde que vestiste
o dia em que eu te vi
o dia em que me viste

de repente
vendi meus filhos
a uma família americana
eles têm carro
eles têm grana
eles têm casa
a grama é bacana
só assim eles podem voltar
e pegar um sol em copacabana

*

carta ao acaso

a carta do baralho
   grande gilete
corta sem barulho
   o olho do valete
o rei a fio de espada
   a água e a farinha
uma só passada
   a espada na rainha

*

soubesse que era assim
não tinha nascido
e nunca teria sabido

ninguém nasce sabendo
até que eu sou meio esquecido
mas disso eu sempre me lembro

*

nuvens brancas
passam
      em brancas nuvens

*

meus amigos
quando me dão a mão
sempre deixam
outra coisa

presença
olhar
lembrançacalor

meus amigos
quando me dão
deixam na minha
a sua mão

*

o pauloleminski
é um cachorro louco
que deve ser morto
a pau a pedra
a fogo a pique
senão é bem capaz
o filhadaputa
de fazer chover
em nosso piquenique

*

queima me um beijo		fogueira de restos do amor
queima				se pode
queima a suspeita		que em meu peito teima
quebra meu dia		que em tanta pedra explode
queima meu nome		que em fogo teu transforme
essa tempestade		a vida em tempo de poesia
queima me tanto		que me lembre sempre
o vento que me leva	 para a frente ventania

*

dia de reis passou
o ano avança a maio
os reis passaram
flor
maria
trabalho
o povo ficou
mãe
maioria
os povos ficaram

*

nascemos em poemas diversos
destino quis que a gente se achasse
na mesma estrofe e na mesma classe
no mesmo verso e na mesma frase

rima à primeira vista nos vimos
trocamos nossos sinônimos
olhares não mais anônimos

nesta altura da leitura
nas mesmas pistas
mistas a minha a tua a nossa linha

*

acordei bemol
tudo estava sustenido

sol fazia
só não fazia sentido

*

Amor, então,
também, acaba?
Não, que eu saiba.
O que eu sei
é que se transforma
numa matéria-prima
que a vida se encarrega
de transformar em raiva.
Ou em rima.

*

pariso
novayorquizo
moscoviteio
sem sair do bar

só não levanto e vou embora
porque tem países
que eu nem chego a madagascar

*

mira telescópica
de rifle de precisão
ou janela quebrada
onde uma criança se debruça
pra ver as coisas que são
cenas da revolução russa?

*

ameixas
ame-as
ou deixe-as

*

parem
eu confesso
sou poeta

cada manhã que nasce
me nasce
uma rosa na face

parem
eu confesso
sou poeta

só meu amor é meu deus

eu sou o seu profeta

*

QUE TAL SE
FOSSE REAL
ESSE REALCE
QUE GIL SE
VIU VIAJOU
SE VIA GIL?

*

o barro
toma a forma
que você quiser

você nem sabe
estar fazendo apenas
o que o barro quer

*

grande angular para a zap

as cidades do ocidente
nas planícies
na beira-mar
do lado dos rios
feras abatidas a tiro
durante a noite

de dia
um motor mantém todas
vivas e acesa   LUCRO

à noite
fantasmas das coisas não ditas
sombras das coisas não feitas
vêm
pé ante pé
mexer em seus sonhos

as cidades do ocidente
gritam
gritam
demônios loucos
por toda a madrugada

*

o poema
na página
uma cortina

na janela
uma paisagem
assassina

*

ascensão apogeu e queda da vida paixão e morte
do poeta enquanto ser que chora enquanto
chove lá fora e alguém canta
a última esperança de chegar
à estação da luz e pegar o primeiro trem
para muito além das serras que azulam no horizonte
e o separam da aurora da sua vida

*

inverno
primavera
poeta é
quem se considera

*

nunca quis ser
freguês distinto
pedindo isso e aquilo
vinho tinto
obrigado
hasta la vista

queria entrar
com os dois pés
no peito dos porteiros
dizendo pro espelho
— cala a boca
e pro relógio
— abaixo os ponteiros

*

à pureza com que sonha
o compositor popular

um dia poder compor
uma canção de ninar

*

    it's only life
    but i like it

let's go
baby
    let's go

this is life

it is not
    rock and roll

*

ideolágrimas

no que eu sinta
sim um pouco de papel
muito de fita
e um tanto de tinta

pego esse mundo
bato na cabeça
quem sabe eu esqueça
quem sabe ele enfim

haikai do mundo
haikai de mim

*

    a água que me chama
em mim deságua
    a chama que me mágua

*

duas folhas na sandália

o outono
também quer andar

*

hoje à noite
até as estrelas
   cheiram a flor de laranjeira

*

a palmeira estremece
palmas para ela
que ela merece

*

   relógio parado
o ouvido ouve
   o tique-taque passado

*

pity
    pity
        the bird

to
   the
      city

*

   a estrela cadente
me caiu ainda quente
   na palma da mão

*

noite
   a vespa pica
        a estrela vésper

*

passa e volta
a cada gole
uma revolta

*

   bateu na patente
batata
   tem gente

*

aqui é alto

anos não ouço
o c(h)oro dos sapos

*

verde a árvore caída
vira amarelo
a última vez na vida

*

   nada me demove
ainda vou ser
   o pai dos irmãos karamázov

*

por um fio
        o fio foi-se
                o fio da foice

*

no espelho
        de relance
a cor do sonho
            de ontem

*

beija
flor
na chuva

gota
alguma
derruba

*

na rua
      sem resistir

me chamam

torno a existir

*

    lua de outono
por ti
    quantos s/ sono

*

nada que eu faça
altera este fato

a folha de alface
é a última no prato

*

debruçado num buraco
vendo o vazio
              ir e vir

*

casa com cachorro brabo
meu anjo da guarda
                    abana o rabo

*

no chão
minhas sandálias

pegadas

como pegá-las?

*

   furta a flor
ao crepúsculo cor de fruta
   pássaro tecnicólor

*

   milagre de inverno
agora é ouro
  a água das laranjas

*

   xavante
muitos xxxxx
  avante

*

luxo saber

além destas telhas
um céu de estrelas

*

   a chuva é fraca
cresçam com força
   línguas-de-vaca

*

sumiu
o ciúme

vaga
    vazio
        o vaga
            lume

*

as coisas estão pretas

uma chuva de estrelas
deixa no papel
esta poça de letras

*

rio
    do que não rio
               rindo
                      da criança rindo

*

    esquentar numa fogueira
o frio que sinto
    ao contemplar estrelas?

*

    cabelos que me caem
em cada um
    mil anos de haikai

*

a folhas tantas
o outono
nem sabe a quantas

*

    1º dia de aula
na sala de aula
    eu e a sala

*

  roupas no varal

deus seja louvado
entre as coisas lavadas

*

a chuva vem de cima

correm
como se viesse atrás

*

a flauta índia
diz sempre

              não ainda

*

pelo
branco
magnólia

o
azul
manhã
vermelho
olha

sol-te

sol-te

SALTE O SOL

SOLTE
TODO SOL
TODA SORTE

PODE
QUE VOLTE

leve tempo
do verbo ir

leve ninguém
num tempo
qualquer

ir sendo
como vai o verbo
nenhum querer
querendo

nem toda *hora*
é obra
nem toda obra
é *prima*
algumas são mães
outras irmãs
algumas
         clima

dissabor
de prazer
eu prazo

dessaber
de passar
acaso

certeza
sorte
aqui
me
jazo

**eu
tão isósceles
você
ângulo
hipóteses
sobre meu tesão**

**teses
sínteses
antíteses
vê bem onde pises
pode ser meu coração**

você me amava
disse
a margarida

a margarida
é doce
amarga a vida

de ouvido

    di   vi
    di   do
    entre
      o
     ver
      &
      o
    vidro
du   vi   do

SIGNO
SIGO
NA NOITE
O DESTINO

SER
AQUILO
QUE A SOMBRA
QUIS
PARA NOIVO

SOL
LUA
POR QUE SÓ UM
DE CADA
    NO CÉU
    FLUTUA

ATÉ ELA

DE PÉ
EM PÉTALA
DE PÉTALA
EM PÉTALA
ATÉ
　　　DESPETALÁ-LA

tudo
que
li
me
irrita
quando
ouço
rita
lee

ai pra bashô

SEM P
NEM M ÃE
        AIS

PERHAPPINESS

se
nem
for
terra

se
trans
for
mar

**tudo
sucede
súbito**

**eu não faço
expludo**

a impressão do teu
corpo no meu
mexeu

da árvore
o o'
  o U
    o T
      o O'
       o N
        o O'
um tombo
    só

ao que tudo indica

tudo indica

só ver como tudo fica

**PRA QUE CARA FEIA?
NA VIDA
NINGUÉM PAGA MEIA.**

de som a som
ensino o silêncio
a ser sibilino

de sino em sino
o silêncio ao som
ensino

**eu te fiz
agora**

**sou teu deus
poema**

**ajoelha
e
me
adora**

SÍ LA BA

MIM

PA   LA   VRA

SEM

F   I   M

F   I   M

F   I   N

KAMI QUASE

palpite

o graffiti
é o limite

LUA NA AGUA

ALGUMA LUA

LUA ALGUMA

contos semióticos

papajoyceatwork

(Noite. Joyce começa a escrever)
Madmanam eye! Light gone out!
(Cai no papel)
Mustmakesomething! Reverythming!
(Morde os lábios e gargalha)
A poorirish is a writer mehrlichtsearching, yesternighteternidades!
(Troveja. Relâmpagos iluminam o quarto. Joyce prossegue)
Thomasmorrows? Horriver!
Nice and sweet — the speech of England, damnyou! Dont?
Must destroy it, just like a destroyer would do it yourself!
                                        [Como um verme. Yes, I no.
Done to Ireland! What have they done? It will do.
Beforeblacksblanco, we are even, this very evening! Think is so.
My vengeance will be as big as say a country as big as say Brazil.
Someday my prince will come. Our prince: Seabastião!
Arrise, Lewisrockandcarroll!
Waterrestrela, am I a dayer?
Just a wakewriter.

*

o assassino era o escriba

Meu professor de análise sintática era o tipo do sujeito inexistente.
Um pleonasmo, o principal predicado da sua vida, regular como um paradigma da 1ª conjugação.
Entre uma oração subordinada e um adjunto adverbial, ele não tinha dúvidas: sempre achava um jeito assindético de nos torturar com um aposto.
Casou com uma regência.
Foi infeliz.
Era possessivo como um pronome.
E ela era bitransitiva.
Tentou ir para os EUA.
Não deu.
Acharam um artigo indefinido em sua bagagem.
A interjeição do bigode declinava partículas expletivas, conectivos e agentes da passiva, o tempo todo.
Um dia, matei-o com um objeto direto na cabeça.

*

invenções

hai-cai: hi-fi

i.
chove
na única
qu'houve

cavalo com guizos
sigo com os olhos
e me cavalizo

de espanto
espontânea oh
espantânea

*

```
o        a        o        o        a        e
cor      jib      gat      vac      chu      est
v        b        é        c        v        e
voo      boi      tão      cuo      uva      mes
é        a        l        é        é        m
neg      com      ent      ond      mai      smo
r        m        o        e        o        m
ati      ome      qua      vac      aio      mes
v        u        n        c        e        a
viv      hum      nto      cas      que      esm
o        m        l        v        o        m
         boi      end      vão      gua      smo
                  o        b        r        n
                           ber      rda      est
                                    c        a
                                    chu      mes
                                    v        m
                                    uva      sma
                                    a        m
                                             esa
```

a grave advertência dos portões de bronze
das mansões senhoriais
a advertência dos portões das mansões
a advertência dos portões
a advertência
a ânsia

*

materesmofo
temaserfomo
termosfameo
tremesfooma
metrofasemo
mortemesafo
amorfotemes
emarometesf
eramosfetem
fetomormesa
mesamorfeto
efatormesom
maefortosem
saotemorfem
termosefoma
faseortomem
motormefase
matermofeso
metaformose

*

PARKER
TEXACO

      ESSO
      FORD

                                            ADAMS
MELHORAL   **FABER**
SONRISAL

            RINSO
            LEVER
            GESSY

RCE
GE

                                   MOBILOIL
      ELECTRIC   **KOLYNOS**
      COLGATE
      MOTORS

                GENERAL

casas pernambucanas

◯: estão perto.
Mais dois corredores, me pegam (continuo correndo).
Passo pela porta, o sinal ●.
Atravesso o labirinto de ◖,◐,◑,◓,◒,◯,◔,●,◕,◉, em direção a um ponto ⊕ — encruzilhada versus encruzilhadas.
Fecho a porta.
Chego ao beco sem saída: ◑. Correndo, ouço seus gritos de triunfo.
◯,●,◒,◓,◑,◐,⊕,◕,◔,◖,◗: corredores.
Agora, os ◓,⊕,◕,◔,◗,◖,◑,● e os ◉ estão nos meus calcanhares.
Infinitos.
Grandes.
Ferozes.
Me tranco no último corredor: fim da linha.
Batem na porta.
Tomo a pílula que me transporta para outra dimensão. Um segundo, já sinto os efeitos.
Outro lugar. Sou outro.
A cabeça roda, rodopia, me transformo em flor, no planeta Vênus.
— Não está aqui, escapou — diz
Meus perseguidores tomam suas pílulas, vêm atrás de mim.
Tomo outra pílula, me transformo em pedra: planeta Saturno.
◐,◑,◕,◗, vêm atrás.
Tomo outra. Sou sombra no Sol. ●, ⊕, vêm atrás. Outra. Vapor em Júpiter.
Outra. Eles — atrás. Outra.
Sou ideia na cabeça de um homem do planeta Terra.
Qual o homem, qual a ideia?
Continuo correndo, fugindo.
Chego, finalmente, à conclusão:
Ninguém vai me alcançar agora que ●

151

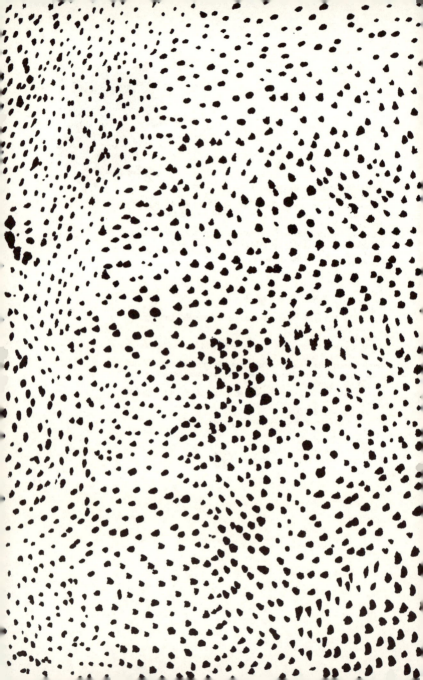

cronologia

1944 — Nasce no dia 24 de agosto de 1944, no bairro do Portão, em Curitiba, Paulo Leminski Filho. Seus pais são Paulo Leminski e Áurea Pereira Mendes.

1949 — A família do pai, sargento do Exército, muda-se para Itapetininga, no estado de São Paulo.

1950 — Nova mudança da família, agora para Itaiópolis, em Santa Catarina.

1954 — Terceira mudança dos Leminski antes de retornarem a Curitiba. Sargento Paulo Leminski é transferido para Rio Negro, cidade próxima da divisa com o Paraná, a cinquenta quilômetros de Itaiópolis.

1956 — Volta para Curitiba. Paulo Leminski Filho é matriculado no Colégio Paranaense onde entra em contato pela primeira vez com o inglês, o francês e o latim. Obsessão do pequeno Paulo por dicionários e enciclopédias.

1957 — Leminski envia carta ao Colégio de São Bento, em São Paulo, perguntando ao coordenador da instituição, Dom Clemente, sobre os procedimentos para se tornar um monge beneditino.

1958 — Chega a São Paulo para viver e estudar no Mosteiro de São Bento, com a intenção de se ordenar.

1959 — Incapaz de conter a indisciplina de Paulo, o Mosteiro pede aos pais do menino a transferência para outro colégio. A passagem pelo Colégio São Bento seria marcante pelo resto de sua vida.

1962 — Meses antes de prestar vestibular para letras na Pontifícia Universidade Católica do Paraná (PUC-PR) e para direito na Universidade Federal (UFPR), o adolescente Paulo Leminski casa-se com Nevair Maria de Souza, a Neiva. Fica em primeiro lugar no vestibular para letras e em segundo para direito.

1963 — Aos dezoito anos vai para Belo Horizonte assistir ao I Congresso Brasileiro de Poesia de Vanguarda e conhece pessoalmente Décio Pignatari, Augusto e Haroldo de Campos e Afonso Ávila, entre outros. Passa uma noite em São Paulo, na casa de Augusto, lendo o original em inglês dos Cantos de Ezra Pound.

1964 — Estreia com cinco poemas na revista *Invenção*, em São Paulo, dirigida por Décio Pignatari, porta-voz da poesia concreta paulista.

1965 — Começa a trabalhar como professor de história, literatura e redação em cursos pré-vestibulares, atividade que durará até 1973.

1966 — Começa a praticar judô. Ao mesmo tempo embrenha-se no estudo da língua e da poesia japonesa, e na leitura de autores ligados ao zen-budismo como Teitaro Suzuki, Thomas Merton e Alan Watts. Classifica-se em primeiro lugar no II Concurso Popular de Poesia Moderna, promovido pelo jornal *O Estado do Paraná*.

1968 — No dia do seu aniversário, em agosto, é apresentado à poeta Alice Ruiz. Em outubro do mesmo ano, o casal engravida. Os dois terão, ao todo, três filhos e viverão juntos até 1988.

1969 — Em julho nasce Miguel Ângelo Leminski, primeiro filho de Paulo e Alice. No mesmo mês Leminski parte para o Rio de Janeiro à procura de emprego. Paulo estabelece-se no famoso Solar da Fossa, em Botafogo, e morará no Rio até 1971, período em que colabora com o jornal *O Pasquim* e com diversas revistas. Lá batiza seu gigantesco manuscrito, que costumava carregar debaixo do braço por todos os lugares, de *Catatau*.

1970 — Ainda no Rio de Janeiro, começa a compor letras com seu irmão Pedro Leminski e em seguida aprende a tocar violão, compondo suas primeiras músicas.

1971 — Paulo, Alice e Miguel Ângelo estão juntos novamente em Curitiba. Em março nasce Aurea Alice Leminski, segunda filha do casal.

1972 — Começa a compor com membros do grupo A Chave, em especial com Ivo Rodrigues.

1973 — Morre seu pai, Paulo Leminski. Alice e Paulo recebem a visita inesperada de seus ídolos Caetano Veloso e Gal Costa, que já conheciam o trabalho de Leminski por indicação de Augusto de Campos.

1975 — Finalmente é publicado o *Catatau*, depois de uma maturação de oito anos. Paulo começa a trabalhar como redator publicitário em agências de propaganda, atividade que exercerá até 1988. Na carreira de publicitário, começa a colaborar com o trio de amigos Solda e Rettamozo, artistas plásticos, e Dico Kremer, fotógrafo. Conhece pessoalmente Jorge Mautner.

1976 — De volta ao Rio de Janeiro, a passeio, Leminski conhece Moraes Moreira. A parceria musical aconteceria somente alguns anos depois. Em dupla com o fotógrafo Jack Pires lança o livro *Quarenta clics em Curitiba*. Recebe visita de Waly Salomão em Curitiba.

1977 — Lançamento do primeiro compacto da banda A Chave com duas canções de Leminski, suas primeiras composições a serem gravadas: "Buraco no coração" e "Me provoque pra ver".

1978 — Morre sua mãe Áurea Pereira Mendes.

1979 — Leminski escreve a novela *Minha classe gosta, logo é uma bosta*, mas não a publica. Miguel morre em julho, logo depois de completar dez anos.

1980 — Começa a escrever para jornais e revistas de Curitiba e São Paulo. Publicação dos livros de poemas *Não fosse isso e era menos não fosse tanto e era quase* e *Polonaises*.

Viaja a Salvador onde reencontra Moraes Moreira, que se tornaria seu principal parceiro musical, e conhece os demais Novos Baianos.

1981 — O poeta ganha fama como compositor e, entre 1981 e 1982, vários artistas da música brasileira gravam suas canções, entre eles: Caetano Veloso, Blindagem, A Cor do Som, Ney Matogrosso, Paulinho Boca de Cantor, Moraes Moreira, MPB4 e

Ângela Maria. Conhece Itamar Assumpção, que se torna imediatamente seu parceiro musical. Nascimento da filha Estrela Ruiz Leminski.

1983 — Publicação das biografias *Cruz e Sousa: o negro branco* e *Bashô: a lágrima do peixe* pela editora Brasiliense, além da coletânea *Caprichos & relaxos,* no selo Cantadas Literárias.

1984 — São publicadas pela Brasiliense a biografia *Jesus* e a tradução de *Pergunte ao pó* de John Fante. Pela mesma editora, Leminski lança seu segundo romance, *Agora é que são elas*. Ao lado de Francisco Alvim, Waly Salomão e Chacal, participa do curta-metragem *Assaltaram a gramática*, de Ana Maria Magalhães.

1985 — Gravação do curta-metragem *Ervilhas da fantasia*, de Werner Shumann, estrelado por Leminski. O poeta vira assíduo tradutor da Brasiliense, com a publicação dos volumes: *Satyricon* de Petrônio, *Sol e aço* de Yukio Mishima, *Giacomo Joyce* de James Joyce, *Um atrapalho no trabalho* de John Lennon e *O supermacho* de Alfred Jarry, além de traduzir alguns poemas e escrever o posfácio de *Vida sem fim*, antologia poética de Lawrence Ferlinguetti. Publicação de *Haitropikais*, em parceria com Alice Ruiz, editado pelo Fundo Cultural de Ouro Preto.

1986 — Reúne seus ensaios no volume *Anseios crípticos,* publicado pela Criar Edições, de Curitiba. Morre o irmão de Paulo, Pedro Leminski. Lançamento de *Trótski*, última das biografias escritas pelo poeta, e da tradução de *Malone Morre*, de Samuel Beckett.

1987 — Publicação de *Distraídos venceremos*, seu segundo livro de poemas, pela Brasiliense, e da tradução de *Fogo e água na terra dos deuses*, volume de poesia egípcia antiga, pela editora Expressão. Escreve *Metaformose*, ensaio que será publicado postumamente.

1988 — Paulo e Alice separam-se e ele se muda para São Paulo. Lançamento do livro infantojuvenil *Guerra dentro da gente*, pela editora Scipione. Na TV Bandeirantes cria e apresenta o quadro "Clic-poemas" no *Jornal de vanguarda*. Volta para Curitiba.

1989 — Em abril, estreia como colunista na *Folha de Londrina*. Durante uma internação de dois dias por complicações da cirrose hepática, Paulo Leminski morre, no dia 7 de junho de 1989. *A lua no cinema*, poema dedicado à sua filha Estrela, é publicado pela Arte Pau-Brasil.

lista de obras publicadas

Catatau (1975), edição do autor
Quarenta clics em Curitiba (1976), Etcetera
Não fosse isso e era menos, não fosse tanto e era quase (1980), ZAP
Polonaises (1980), edição do autor
Caprichos & relaxos (1983), Brasiliense
Cruz e Sousa: o negro branco (1983), Brasiliense
Bashô: A lágrima do peixe (1983), Brasiliense
Jesus a.C. (1984), Brasiliense
Agora é que são elas (1984), Brasiliense
Haitropikais, com Alice Ruiz (1985), Fundo Cultural de Ouro Preto
Trótski: a paixão segundo a revolução (1986), Brasiliense
Anseios crípticos (1986), Criar Edições
Distraídos venceremos (1987), Brasiliense
Guerra dentro da gente (1988), Scipione
A lua no cinema (1989), Arte Pau-Brasil
Vida (1990), Sulina
La vie en close (1991), Brasiliense
Uma carta: uma brasa através, com Régis Bonvicino (1992), Iluminuras
Metaformose: uma viagem pelo imaginário grego (1994), Iluminuras
Winterverno, com João Virmond Suplicy Neto (1994), Fundação Cultural de Curitiba
O ex-estranho (1996), Iluminuras

Ensaios e anseios crípticos (1997), Polo Editorial do Paraná
Envie meu dicionário — cartas e alguma crítica, com Régis Bonvicino (1999), Editora 34
Anseios crípticos 2 (2001), Criar
Gozo fabuloso (2004), DBA
Toda poesia (2013), Companhia das Letras
Vida (2014), Companhia das Letras
O bicho alfabeto, com Ziraldo (2014), Companhia das Letras

Traduções publicadas

Folhas das folhas da relva, de Walt Whitman (1983), Brasiliense
Pergunte ao pó, de John Fante (1984), Brasiliense
Vida sem fim, de Lawrence Ferlinghetti. (1984), Brasiliense
Um atrapalho no trabalho, de John Lennon. (1985), Brasiliense
Giacomo Joyce, de James Joyce (1985), Brasiliense
O supermacho, de Alfred Jarry (1985), Brasiliense
Sol e aço, de Yukio Mishima (1985), Brasiliense
Satyricon, de Petrônio (1985), Brasiliense
Malone morre, de Samuel Beckett (1986), Brasiliense
Fogo e água na terra dos deuses, poesia egípcia antiga (1987), Expressão

índice de títulos e primeiros versos

1º dia de aula, 107

a água que me chama, 99
a árvore é um poema, 27
a chuva é fraca, 105
a chuva vem de cima, 108
a estrela cadente, 101
a flauta índia, 108
a folhas tantas, 107
a grave advertência dos portões
   de bronze, 149
a história faz sentido, 43
a impressão do teu, 130
a máquina, 75
a noite, 75
a palmeira estremece, 100
a perda do olfato, 28
à pureza com que sonha, 95
A vagina vazia, 31
a vida é as vacas, 78
a vida varia, 80
acordei bemol, 88
acordo logo durmo, 76
ai pra bashô, 126
ali, 22
ameixas, 90

Amor, então, 89
ana vê alice, 79
ao que tudo indica, 132
apagar-me, 68
aqui, 50
aqui é alto, 101
as coisas estão pretas, 106
as flores, 43
ascensão apogeu e queda da
   vida paixão e morte, 93
ATÉ ELA, 124
aves, 19

bate o vento eu movo, 57
bateu na patente, 101
beija, 103
Bom dia, poetas velhos, 24
business man, 31

cabelos que me caem, 107
cansei da frase polida, 76
carta ao acaso, 85
casa com cachorro brabo, 104
cesta feira, 16
como um coto caro ao roto, 63
confira, 79
contranarciso, 14
coração, 68
CURVA PSICODÉLICA, 73

da árvore, 131
dança da chuva, 50

das coisas, 19
de como, 13
de ouvido, 121
de repente, 84
de som a som, 135
debruçado num buraco, 104
Desculpe, cadeira, 40
desmontando o frevo, 18
dia, 62
dia ao primo pássaro, 25
dia de reis passou, 87
dissabor, 118
dois loucos no bairro, 56
duas folhas na sandália, 99

elas quando vêm, 41
ele era, 39
em matéria, 42
en la lucha de clases, 77
entre a dívida externa, 35
entro e saio, 72
enxuga aí, 24
escura a rua, 59
espaçotemponave para alice, 55
esperas frustras, 61
esquentar numa fogueira, 106
esta ilusão, 38
estão perto, 151
eu, 17, 119
eu queria tanto, 74
eu te fiz, 136
evapora, 73

existe um planeta, 29

fazia poesia, 71
féretro para uma gaveta, 70
furo a parede branca, 63
furta a flor, 104

girafas, 20
grande angular para a zap, 92

hai-cai: hi-fi, 147
hoje à noite, 100
hoje o circo está na cidade, 59

inverno, 94
it's only life, 95

já fui coisa, 76
johny? está me ouvindo? sim sim
    claro tua mãe e eu perdoamos, 81

KAMI QUASE, 138

lembrem de mim, 62
lendas vindas, 32
leve tempo, 116
lua de outono, 103
LUA NA AGUA, 140
luxo saber, 105

manchete, 74
materesmofo, 149

mesmo, 17
Meu avô-macaco, 54
meu coração de polaco voltou, 58
meus amigos, 86
milagre de inverno, 105
minha amiga, 33
Minha cabeça cortada, 26
minha mãe dizia, 21
minhas 7 quedas, 41
mira telescópica, 89
moinho de versos, 61

na rua, 103
nada foi, 57
nada me demove, 102
nada que eu faça, 103
nada que o sol, 28
nada tão comum, 23
não creio, 30
não discuto, 78
não possa tanta distância, 36
não sou o silêncio, 21
nascemos em poemas diversos, 88
nem toda hora, 117
no chão, 104
no espelho, 102
no que eu sinta, 99
noite, 101
nunca quis ser, 94
nuvens brancas, 85

o assassino era o escriba, 144
o barro, 91
o corvo, 148
o inseto no papel, 134
o mestre gira o globo, 77
o novo, 38
o p que, 15
o pauloleminski, 86
o poema, 93
o sol escreve, 78
o soneto a crônica o acróstico, 25
o velho leon e natália em coyoacán, 49
objeto, 29
olhar paralisador nº 91, 67
oração de pajé, 61

palpite, 139
papajoyceatwork, 143
para a liberdade e luta, 58
parar de escrever, 23
parem, 90
pariso, 89
PARKER, 150
passa e volta, 101
pelo, 109
PERHAPPINESS, 127
pétala, 39
pity, 100
poema na página, 67
pompa há tanto conquista, 35
por um fio, 102
PRA QUE CARA FEIA?, 133

quando eu tiver setenta anos, 37
quatro dias sem te ver, 33
que me importa, 27
QUE TAL SE, 91
que tudo passe, 69
queima me um beijo, 87
quem come o teu trabalho como eu como este gomo ou dou este gole?, 68
quem me dera um abutre, 42
Quem nasce com coração?, 20
quero a vitória, 83

relógio parado, 100
rio, 106
riso para gil, 82
roupas no varal, 107

sabendo, 34
se, 128
sexta-feira, 36
SIGNO, 122
SÍ LA BA, 137
sim, 64
sobre a mesa vazia, 15
SOL, 123
sol-te, 113

soprando esse bambu, 70
soubesse que era assim, 85
sumiu, 106

tanta maravilha, 64
tão longe eu lhe disse até logo, 83
tenho andado fraco, 52
tudo, 125, 129

um deus também é o vento, 51
um dia, 53
um passarinho, 52
um poema, 53
um pouco de mao, 84
uma carta uma brasa através, 32

vento, 80
ver, 62
verde a árvore caída, 102
via sem saída, 72
você, 60, 79
você me alice, 37
você me amava, 120
você para, 77

xavante, 105

TIPOGRAFIA Wigrum

DIAGRAMAÇÃO acomte

PAPEL Pólen Bold, Suzano S.A.

IMPRESSÃO Lis Gráfica, abril de 2022

A marca FSC® é a garantia de que a madeira utilizada na fabricação do papel deste livro provém de florestas que foram gerenciadas de maneira ambientalmente correta, socialmente justa e economicamente viável, além de outras fontes de origem controlada.